Planung für ein gesundheitsorientiertes Muskelaufbautraining und Linderung von Rückenschmerzen im LWS-Bereich

GRIN :)

Bibliografische Information der Deutschen Nationalbibliothek:

Die Deutsche Nationalbibliothek verzeichnet diese Publikation in der Deutschen Nationalbibliografie; detaillierte bibliografische Daten sind im Internet über http://dnb.d-nb.de abrufbar.

ISBN: 9783346234810
Dieses Buch ist auch als E-Book erhältlich.

Druck und Bindung: Books on Demand GmbH, Norderstedt Germany
Gedruckt auf säurefreiem Papier aus verantwortungsvollen Quellen

Das vorliegende Werk wurde sorgfältig erarbeitet. Dennoch übernehmen Autoren und Verlag für die Richtigkeit von Angaben, Hinweisen, Links und Ratschlägen sowie eventuelle Druckfehler keine Haftung.

Das Buch bei GRIN: https://www.grin.com/document/915638

Deutsche Hochschule für

Prävention und Gesundheitsmanagement

Hermann Neuberger Sportschule 3

66123 Saarbrücken

Einsendeaufgabe

Fachmodul:	Trainingslehre 1
Studiengang:	Gesundheitsmanagement
Datum **Präsenzphase:**	23.07.2018 – 26.07.2018
Studienort:	**Stuttgart**
Semester:	**WS 2017**

Inhaltsverzeichnis

1 Diagnose

1.1 Allgemeine und biometrische Daten

Tab. 1: Allgemeine und biometrische Daten (eigene Darstellung)

Alter	20
Geschlecht	Männlich
Körpergröße	184 cm
Körpergewicht	80 kg
Trainingsmotive	Muskelaufbau, verbesserte Körperhaltung im Oberkörper, Linderung der Rückenschmerzen im LWS Bereich
berufliche Tätigkeit	Student (fast ausschließlich sitzende Tätigkeit)
Frühere sportliche Aktivität	2-mal die Woche Fußballtraining in der Kreisliga und am Wochenende Spiele
Aktuelle sportliche Aktivität	Unregelmäßiges Fußball spielen mit den Freunden, seit 6 Monaten Krafttraining (2 mal die Woche) mit unsystematischer Trainingsplanung an geführten Geräten
Zeitlicher verfügungsrahmen	2-3 mal die Woche für ca. 90 min
Blutdruck	121/82 mmHg
Ruhepuls	61 Schläge/Minute (Eifler,2018, S. 201)
Gesundheitszustand	LWS Beschwerden, Sport im Fitnessstudio wurde durch den Arzt empfohlen
orthopädische und internistische Probleme	Keine
ärztliche Behandlungen	Keine
Einnahmen von Medikamenten	Keine
Gesundheitliche Einschränkung	Keine

Tab. 2: Blutdruckwerte (modifiziert nach Mancia et al., 2013, S. 2159-2219)

Bewertung	Systolisch	Diastolisch
Normatonie		
optimal	unter 120 mmHg	unter 80 mmHg
normal	unter 130 mmHg	unter 85 mmHg
hochnormal	130-139 mmHg	85-89 mmHg
arterielle Hypertonie		
Stufe 1	140-159 mmHg	90-99 mmHg
Stufe 2	160-179 mmHg	100-109 mmHg
Stufe 3	>180 mmHg	>110 mmHg

Bei dem Probanden handelt es sich um einen 20-jährigen Studenten. Anhand seiner Körpergröße und Gewicht lässt sich ein BMI von 23,6 ermitteln, dem errechneten Wert zufolge hat der Proband Normalgewicht. Der Blutdruck und der Ruhepuls liegen im Normalbereich. Bis auf die Beschwerden im LWS Bereich, liegen keine weiteren Beschwerden vor und er nimmt keine Medikamente ein. Demzufolge lässt sich der Proband als voll belastbar einstufen.

1.2 Krafttestung

Nach dem ILB-Grobraster (Individuelle-Leistungsbild-Methode) (Eifler, 2017, S. 162) ist der Proband aufgrund seiner momentanen Sportlichen Aktivität als Beginner einzustufen. Da der Proband als Beginner eingestuft wurde empfiehlt es sich für die Krafttestung einen X-RM-Test durchzuführen. Außerdem lässt sich diese Testmethode genau auf die im Trainingsplan zu trainierende Wiederholungszahl auslegen und das Verletzungsrisiko ist deutlich geringer, als bei einem 1-RM-Test, da nicht mit maximalem Gewicht gearbeitet wird (Marschall & Fröhlich, 1999, S. 311).
Zu Beginn werden die Test-Übungen ausgewählt. Trainingsziel des ersten Mesozyklus ist die Verbesserung der Kraftausdauer. Die Sätze in diesem Mesozyklus werden immer 20 Wiederholungen beinhalten, somit wird auch der X-RM-Test mit 20 Wiederholungen für die jeweilige Übung durchgeführt. Vor der Krafttestung wird vom Proband ein allgemeines und spezielles Warm-Up durchgeführt. Für das allgemeine Warm-Up wird der Proband für 10 Minuten, mit geringer Intensität auf dem Laufband sein Herz-Kreislauf-System erwärmen. Zum speziellen Warm-Up wird der Proband mit minimalem Gewicht bevor der Test-Satz durchgeführt wird einen Warm-Up-Satz machen. Der Warm-Up-Satz

soll nicht anstrengend sein, sondern lediglich die Ausführung der Technik schulen. Um das Gewicht für den ersten Test-Satz zu bestimmen, wird das subjektive Empfinden des Probanden und die Hilfe des Trainers und seiner Erfahrung genutzt. Nun werden die Test-Sätze durchgeführt, wichtig ist, dass maximal 4 Test-Sätze durchgeführt werden können und zwischen den Sätzen ausgiebige Pausen von 3 Minuten eingehalten werden.

Tab. 3: Krafttestung mit dem X-RM Test (eigene Darstellung)

Übung	1. Testsatz	2. Testsatz	3. Testsatz	4. Testsatz	Ermitteltes Gewicht
Beinpresse sitzend	90 kg	80 kg	-	-	80 kg
Latzug zur Brust, breiter Griff am Gerät, vertikal	25 kg	-	-	-	25 kg
Rudern, enger Griff am Gerät, horizontal	20 kg	25 kg	22,5 kg	-	22,5 kg
Rumpfextensionsmaschine	50 kg	45 kg	-	-	45 kg
Brustpresse	22,5 kg	25 kg	-	-	25 kg
Schulterdrücken	15 kg	-	-	-	15 kg
Trizeps presse am Gerät	15 kg	12,5 kg	-	-	12,5 kg
Bizepscurl am Gerät	10 kg	-	-	-	10 kg
Unterarmstütz					

Anhand der ermittelten Werte kann der Proband mit anderen Personen verglichen werden, bezüglich seiner erbrachten Leistung. Zudem dient es der Dokumentation seiner Leistungsentwicklung. Eine X-RM-Test kann vor und nach einem Mesozyklus durchgeführt werden, diese Werte können dann miteinander verglichen werden und so kann die Leistungsentwicklung des Probanden dokumentiert werden. Da der Proband mit der ILB-Methode eingestuft wurde kann von diesem Grobraster die Intensität, mit der er Trainieren

sollte abgeleitet werden und mithilfe der ermittelten Kraftwerte kann somit das Trainingsgewicht errechnet werden.

2 Zielsetzung/Prognose

Tab. 4: Zielsetzung (eigene Darstellung)

Inhalt	Ausmaß	Zeit
Muskelaufbau	3 kg	6 Monate
Rückenschmerzen im LWS Bereich lindern	Subjektives Schmerzempfinden nach einer Borg-Skala (1 kein Schmerz bis 10 sehr starker Schmerz), momentan bei 7, ziel 5	3 Monate
Kraftsteigerung an der Beinpresse	40 %	6 Monate

Wie in Tab. 1 ersichtlich ist, zählt der Muskelaufbau zu seinen Trainingsmotiven. Aus-
formuliert möchte er in 6 Monaten 3 kg Muskelmasse zunehmen. Da er keine gesundheit-
lichen Einschränkungen mit sich bringt ist dieses Ziel realisierbar (Eifler, 2017). Ein weiteres Trainingsmotiv ist die Linderung seiner Rückenschmerzen. Der Wert liegt momen-
tan bei 7 auf der Borg-Skala, angestrebt ist ein Wert von 5 innerhalb 3 Monate. Da die
schmerzen nicht auf orthopädische Probleme zurückzuführen sind, können die schmerzen
durch ein Krafttraining gelindert werden (Denner, 1998, S. 4). Da der Proband in seiner
Freizeit Fußball spielt ist ein weiteres Ziel die Kraftsteigerung an der Beinpresse. Realis-
tisch ist eine Steigerung von 40 % in 6 Monaten (Gottlob, 2001, S. 3), was in seinem Fall
eine Steigerung von 40 kg sind, gemessen an seinem Anfangsgewicht.

3 Trainingsplanung Makrozyklus

Tab. 5: Makrozyklus (eigene Darstellung)

	Krafttrainings-methode	Mesozyklus 1	Krafttrainings-methode	Mesozyklus 2	Krafttrainings-methode	Mesozyklus 3	Krafttrainings-methode	Mesozyklus 4
Dauer		6 Wochen		8 Wochen		8 Wochen		4 Wochen
Trainingsmethodik	ILB Test: 20 Wiederholun-	Kraftausdauer	ILB Test: 12 Wiederholun-	Hypertrophie extensiv	ILB Test: 8 Wiederholun-	Hypertrophie intensiv	ILB Test: 5 Wiederholun-	Maximalkraft extensiv
Organisations-form	gen	GK an Statio-nen	gen	GK an Statio-nen	gen	GK an Statio-nen, 2er Split	gen	GK an Statio-nen, 2er Split
Häufigkeit/Woche		2 Mal		2 Mal		3 Mal		3 Mal
Übungen/Muskel		1-2		1-2		KG: 1-2 Split: 2-3		KG: 1-2 Split: 1-2
Sätze/Übung		2		2		3		3
Intensität in % nach ILB		50-70 %		50-70 %		50-70%		50-70%
Wiederholungen		20		12		8		5
Kadenz		2 / 0 / 2		2 / 0 / 2		2 / 0 / 2		2 / 0 / 2

Übergeordnete Trainingsmethode im Hinblick auf die Gesundheits- und Leistungsvoraussetzungen:

Da der Proband zuvor schon durch die Individuelle-Leistungsbild-Methode als Anfänger eingestuft wurde, wird diese hier auch als übergestellte Trainingsmethode verwendet. Das ILB-Grobraster gibt Intensitäten vor und somit lässt sich das Trainingsgewicht, abgeleitet durch den X-RM-Test, für den Probanden errechnen (Eifler, 2000, 2013). Der Test wird vor jedem Mesozyklus mit der jeweiligen Wiederholungszahl erneut durchgeführt.

Belastungsparameter im Hinblick auf die Gesundheits- und Leistungsvoraussetzungen bzw. den zeitlichen Verfügungsrahmen:

Aufgrund des zeitlichen Verfügungsrahmen und mit Beachtung der Regenerationsphasen sind in den ersten zwei Mesozyklen zwei Einheiten und in den letzten zwei Mesozyklen drei Einheiten anvisiert. Da sich 2-3 Trainingseinheiten besser eignen, als 1 oder 6 Einheiten (Fröhlich & Schmidtbleicher, 2008). Bei einem Ganzkörpertraining sollte jede Muskelgruppe einmal trainiert werden. Bei einem Split Training können es durchaus mehr Übungen sein, je nach Wünschen und Stärken. Dazu wird der Proband ein Mehrsatztraining durchführen, da es sich besser eignet als ein Einsatztraining (Fröhlich, Emrich & Schmidtbleicher, 2010). Die Wiederholungsanzahl ergibt sich aus der Trainingsmethode in den einzelnen Mesozyklen und die Kadenz gibt an wie lange eine Wiederholung geht (Fröhlich, 2004, S. 18-19). Hier ist die Kadenz 2 / 0 / 2 denn so kann der Proband sich gut auf die Ausführung konzentrieren. Die Intensität lasst sich aus dem ILB-Grobraster bestimmen. Der Proband hat ein Trainingsalter von 1,5 - 6 Monaten, aufgrund dessen ist er als Beginner einzustufen und sollte mit einer Intensität von 50 - 70% trainieren. Jede Woche wird die Intensität gesteigert, um Fortschritte zu erzielen.

Organisationsform im Hinblick auf die Gesundheits- und Leistungsvoraussetzungen bzw. den zeitlichen Verfügungsrahmen:

Da der Proband als Beginner eingestuft wurde und aufgrund seines zeitlichen Verfügungsrahmen wird in Mesozyklus eins und zwei ein Ganzkörpertraining an Stationen durchgeführt. Dies führt zu einem hohen Trainingseffekt (Kempf, Streicher, Wagner & Fröhlich, 2014, S.55) und zu einer Leistungssteigerung, da das Prinzip der variierenden Belastung eingehalten wird (Weineck, 2010, S. 20). In Mesozyklus drei und vier ist ein 2-er Split an 2 Tagen und ein Ganzkörpertraining an einem Tag vorgegeben. So wird die Muskulatur auf eine neue Art gereizt und der Proband hat Abwechslung in seinem Training und bleibt so motiviert.

Periodisierung im Hinblick auf die Zeitliche Abfolge der anvisierten Anpassungs-effekte der einzelnen Mesozyklen:

Der Makrozyklus besteht aus 4 Mesozyklen und erstreckt sich über 6 Monate. Von Mesozyklus eins bis vier wird die Leistungsentwicklung gesteigert und das Verhältnis von Belastung und Erholung beachtet (Weineck, 2010, S.94). In Mesozyklus eins wird ein Kraftausdauertraining durchgeführt. Das Minimiert das Verletzungsrisiko aufgrund der hohen Wiederholungszahl und der Proband wird in ein systematisches Training einge-führt. Die Pufferfunktion des Blutes verbessert sich und dadurch wird er Widerstandsfä-higer gegen Ermüdung (Fröhlich, 2014, S.20). In Mesozyklus zwei und drei wird ein Hypertrophietraining durchgeführt, da der Proband den Muskelaufbau als Ziel angege-ben hat. Durch ein Hypertrophietraining wird Muskelmasse aufgebaut und der Muskel-querschnitt vergrößert sich. Im Mesozyklus vier trainiert der Proband die Maximalkraft, dadurch wird die intramuskuläre Koordination verbessert (Fröhlich, 2014, S. 19) und die Knochendichte nimmt zu.

4 Trainingsplanung Mesozyklus

Tab. 6: Mesozyklus (eigene Darstellung)

				Mesozyklus 1 (ILB Test mit 20 Wiederholungen)				
Dauer	Trainingsme-thodik	Organisations-form	Häufigkeit/ Wo-che	Übungen/ Mus-kel	Sätze/ Übung	Intensität in % nach ILB	Wiederholun-gen	Kadenz
6 Wochen	Kraftausdauer	GK an Statio-nen	2 Mal	1-2	2	50-70	15	2 / 0 / 2

Tab. 7: Übungsauswahl (eigene Darstellung)

Übungen	Wiederholungen	Sätze	Satzpause	Woche 1, 50 %	Woche 2, 55 %	Woche 3, 60 %	Woche 4, 65 %	Woche 5, 70 %	Woche 6, 70 %
Beinpresse sitzend	20	2	60 Sekun-den	40 kg	44 kg	48 kg	52 kg	56 kg	56 kg
Rudern horizontal, enger Griff an der Maschine	20	2	60 Sekun-den	11,25 kg	12,38 kg	13,5 kg	14,62 kg	15,75 kg	15,75 kg
Latzug vertikal zur Brust, brei-ter Griff an der Maschine	20	2	60 Sekun-den	12,5 kg	13,75 kg	15 kg	16,25 kg	17,5 kg	17,5 kg
Rumpfextensionsmaschine	20	2	60 Sekun-den	22,5 kg	24,75 kg	27 kg	29,25 kg	31,5 kg	31,5 kg

Brustpresse an der Maschine	20	2	60 Sekunden	12,5 kg	13,75 kg	15 kg	16,25 kg	17,5 kg	17,5 kg
Schulterpresse an der Maschine	20	2	60 Sekunden	7,5 kg	8,25 kg	9 kg	9,75 kg	10,5 kg	10,5 kg
Triceps an der Maschine	20	2	60 Sekunden	6,25 kg	6,88 kg	7,5 kg	8,13 kg	8,75 kg	8,75 kg
Biceps an der Maschine	20	2	60 Sekunden	5 kg	5,5 kg	6 kg	6,5 kg	7 kg	7 kg
Unterarmstütz statisch (so lange halten wir möglich, bei optimaler Ausführunf)		2	60 Sekunden						

Dargestellt wird Mesozyklus eins. Der Proband wurde als Anfänger eingestuft und führt daher ein Ganzkörpertraining an Maschinen durch. Hierbei wird darauf geachtet, dass alle Muskelgruppen beteiligt sind und ausgewogen trainiert werden. Zuerst werden die großen Muskelgruppen trainiert und die Mehrgelenkigen Übungen durchgeführt, die Muskeln vollständig auszureizen und Vorermüdung zu vermeiden (Bompa & Carrera, 2005). Zudem wurde berücksichtigt, dass der Proband als Ziel eine Haltungsverbesserung im Oberkörper angegeben hat, weswegen der Rücken vor der Brust trainiert wird, weil zu Beginn des Trainings eine bessere energetische und zentralnervöse Leistungsfähigkeit bereitgestellt werden kann. Die Ausführung der einzelnen Übungen ist an den Maschinen, durch den geringeren koordinativen Anspruch, leichter zu erlernen und zudem sind Kraftsteigerungen bei Anfängern von 20-50% möglich (Gottlob, 2001, 1.3). Dadurch erzielt der Proband schnellere Erfolge, was eine regelmäßige Durchführung wahrscheinlicher macht. Da sich die Maschinen Individuell einstellen lassen, werden ungünstige Belastungen auf den passiven Bewegungsapparat vermieden und durch die geringe Übungsvarianz werden zudem Ausweichmöglichkeiten vermieden und so das Verletzungsrisiko minimiert. Da an den Maschinen immer mit der Exzentertechnik gearbeitet wird, hat man eine konstante Bewegungsamplitude bei Eingelenkigen Übungen (Hay, 1994, S. 207).

Tab. 8: Übungen mit den primär beteiligten Muskeln und den Nutzen für den Kunden

Übung	Primär beteiligte Muskulatur	Nutzen für den Kunden
Beinpresse sitzend (Pat Manocchia, 2007)	M. quadriceps femoris M. glutaeus maximus M. biceps femoris (caput longum) M. semitendinosus M. semimembranosus	Stärkung der unteren Extremitäten, verfolgen von Trainingsziel: „Kraftsteigerung an der Beinpresse um 40 %". Kräftigung der Beinmuskulatur kann auch zur Linderung von Beschwerden im Bereich der LWS führen.
Rudern horizontal, enger Griff an der Maschine (Pat Manocchia, 2007)	M. latissimus dorsi M. teres major M. trapezius pars transversa Mm. Rhomboidei M. deltoideus pars spinata	Verbesserung der Körperhaltung auch im Sitzen. Der Schultergürtel wird „nach hinten gezogen".

	M. biceps brachii	
	M. brachialis	
	M. brachioradialis	
Latzug vertikal zur Brust, breiter Griff an der Maschine	M. latisimus dorsi	Haltungsschulung durch die, bei der Übung, notwendige aufrechte Haltung. Die hier trainierte Muskulatur arbeitet teils bei der Depression im Schultergürtel mit, somit ist durch die Kräftigung dieser Muskulatur mit einer Haltungsverbesserung zu rechnen.
	M. teres major	
	M. trapezius pars ascendens	
	M. deltoideus pars spinata	
	M. biceps brachii	
	M. brachialis	
	M. brachioradialis	
Rumpfextensionsmaschine (Pat Manocchia, 2007)	Mm. erector spinae	Die trainierte Muskulatur ist speziell bei Beschwerden im Bereich der LWS von großer Bedeutung, da sie die Wirbelsäule stützt und sie somit entlasten kann. Somit ist damit zu rechnen, dass LWS Beschwerden gelindert werden.
Brustpresse an der Maschine (Pat Manocchia, 2007)	M. pectoralis major	Wird diese Übung richtig ausgeführt, wird der Trainierende am untersten Punkt (Umkehrpunkt) der Übung eine leichte Dehnung der Brustmuskulatur errreichen. Da Verkürzungen in der Brustmuskulatur häufig ein Grund für Haltungsprobleme sind ist auch hier eine Haltungsverbesserung zu erwarten.
	M. deltoideus pars acromialis	
	M. deltoideus pars clavicularis	
	M. triceps brachii	
Schulterpresse an der Maschine	M. deltoideus pars clavicularis	Verfolgen von Trainingsziel: "Muskelaufbau". Für ausgewogenen Muskelaufbau sollte der gesamte Körper trainiert warden.
	M. deltoideus pars acromialis	
	M. triceps brachii	
Triceps an der Maschine	M. triceps brachii	Verfolgen von Trainingsziel: "Muskelaufbau". Für ausgewogenen Muskelaufbau

		sollte der gesamte Körper trainiert werden, kleine Muskelgruppen wie hier ggf. mit Isolationsübungen.
Biceps an der Maschine	M. biceps brachii	Verfolgen von Trainingsziel: "Muskelaufbau". Für ausgewogenen Muskelaufbau sollte der gesamte Körper trainiert werden, kleine Muskelgruppen wie hier ggf. mit Isolationsübungen.
Unterarmstütz statisch (Pat Manocchia, 2007)	M. quadriceps femoris M. iliopsoas M. obliquus externus M. obliquus internus M rectus abdominis M. transversus abdominis	Stabilisation im Rumpf nimmt Belastung von der WS, somit ist diese Übung nicht nur für das ganzheitliche Training, sondern auch zur Linderung der LWS Beschwerden sinnvoll.

5 Literaturrecherche: Effekte des Krafttrainings bei Rückenbeschwerden

Tab. 9: Studie 1 (modifiziert nach Stephan, A., Goebel, S. & Schmidbleicher, D., 2011, S. 69-74)

Titel	Effekte maschinengestützten Krafttrainings in der Behandlung chronischer Rückenschmerzen
Wer hat die Studie durchgeführt?	Stephan, A., Goebel, S. & Schmiedtbleicher, D.
In welchem Jahr wurde die Studie publiziert?	2011
Mit welchen Versuchspersonen wurde die Studie durchgeführt?	Kontrollgruppe: 16 Trainingsgruppe:58 Einschlusskriterien: Seit mehr als 12 Wochen Rückenschmerzen oder seit mindestens 2 Jahren zwei Schmerzschübe pro Jahr, Chronifizierungsgrad 1 oder 2 (7), Befähigung zum selbstständigen Krafttraining nach Einschätzung des Arztes.
Wie sah der Versuchsaufbau der Studie aus?	Trainingszeitraum: Im Durchschnitt 24,5 Wochen, 1,6 Einheiten pro Woche Trainingsprogramm: Ganzkörperplan aus 10 apparativen Übungen, 6 - 9 Wiederholungen mit Einsatztraining, Time Under Tention: 4 / 2 / 4. Spannungswiederstand: ca. 60% der dynamischen Maximalkraft (1-RM-Test) Spannungsdauer: In der 1. Bis zur 20. Einheit 60-120 Sekunden, danach 60 - 90 Sekunden
Welche relevanten Ergebnisse und Schlussfolgerungen lieferte die Studie?	Kontrollgruppe: Sechs schmerzfreie Personen Trainingsgruppe: 20 schmerzfreie Personen Keiner der am Ende schmerzfreien Probanden war gleichzeitig in medizinischer Behandlung.

Titel	Progressives dynamisches Krafttraining als Behandlungsmaßnahme bei Patienten mit chronischen Rückenschmerzen
Wer hat die Studie durchgeführt?	Weishaupt, P. & Hofmann, A.
In welchem Jahr wurde die Studie publiziert?	1999
Mit welchen Versuchspersonen wurde die Studie durchgeführt?	15 Patienten (10 Männer, 5 Frauen), zwischen 25-64 Jahren mit chronischen Rückenschmerzen mit einer durchschnittlichen Schmerzdauer von 11,5 Jahren
Wie sah der Versuchsaufbau der Studie aus?	12 Wöchige analysegestützte medizinische Trainingstherapie Analyse: biomechanische Funktionsanalyse, wurde in der Mitte des Trainings und 10 Tage der letzten Analyse wiederholt Bestandteile: isometrische Maximalkraft der Extensions-, Flexion-, Lateralflexion- und Rotationsbewegung Trainingsprogramm: progressives dynamisches Krafttraining, an Geräten mit Exzentertechnik Spannungswiederstand: variabel an die Gelenksstellung angepasst Trainingszeitraum: 4 Zyklen mit verschiedenen Belastungsintensitäten
Welche relevanten Ergebnisse und Schlussfolgerungen lieferte die Studie?	Verbesserung der isometrischen Maximalkraft: Flexorenmuskulatur um 39,9%, Lumbalextensoren um 29,6%, Lateralflexoren rechts um 35%, Lateralflexoren links um 30,7%, Rotatoren rechts um 31,5%, Rotatoren links um 28,3% 43,8% der Teilnehmer waren schmerzfrei Verbesserung der Lebensqualität um 33,8% Senkung der schmerzfreien Tage um 62,2%

6 Literaturverzeichnis

Denner, A. (1998). *Analyse und Training der wirbelsäulenstabilisierenden Muskulatur.* Berlin: Springer

Eifler, C. (2000). *Krafttraining nach der ILB-Methode - Eine empirische Überprüfung der Trainingseffekte bei Anfängern und Fortgeschrittene.* Diplomarbeit, Universität Saarland, Saarbrücken.

Eifler, C. (2013). *Empirische Überprüfung der Effekte verschiedener Ansätze zur Intensitätssteuerung im fitnessorientierten Krafttraining.* Dissertation, Universität des Saarlandes, Saarbrücken.

Eifler, C. (2017). *Studienbrief Medizinische Grundlagen* (Rev.17.020.000). Saarbrücken: Deutsche Hochschule für Prävention und Gesundheitsmanagement

Eifler, C. (2017). *Studienbrief Trainingslehre 1- Gesundheitsorientiertes Krafttraining* (Rev.17.022.000). Saarbrücken: Deutsche Hochschule für Prävention und Gesundheitsmanagement

Fröhlich, M. (2014). *Funktionelles Training mit Hand- und Kleingeräten.* (H. D. Kempf, Hrsg.). Heidelberg: Springer.

Fröhlich, M. & Schmidbleicher, D. (2008). Trainingshäufigkeit im Krafttraining – ein meteaanalytischer Zugang. *Deutsche Zeitschrift für Sportmedizin, 59(2)*, 4-12.

Föhlich, M., Emrich, E. & Schmidbleicher, D. (2010.). Outcome effects of single-vet versus multipleset training - an advanced replication study. Research in Sports Medicine, 18(3), 157-175.

Gottlob, A. (2001). *Differenziertes Krafttraining mit Schwerpunkt Wirbelsäule* (1. Aufl.). München: Urban & Fischer

Mancia, G., Fagard, R., Narkiewics, K., Redon, J. Zanchetti, A., Böhm, M. et. al. (2013). 2013 ESH/ESC Guidelines for the management of arterial hypertension: The Task Force for the management of arterial hypertension of the European Hypertension (ESH) and of the European Society of Cardiology (ESC), *European Heart Journal, 34(28)*, S. 2159-2219.

Manocchia, P. (2007). *Anatomy of execcise: a trainer`s inside guide to your workout.* New York: Hylas Publishing

Marschall, F. & Fröhlich, M. (1999). Überprüfung des Zusammenhangs von Maximalkraft und maximaler Wiederholungszahl bei deduzierter submaximaler Intensität. *Deutsche Zeitschrift für Sportmedizin, 50 (10), 311*

Stephan, A., Goebel, S. & Schmidbleicher, D. (2011). Effekte maschinengestützten Kraft-
trainings in der Behandlung chronischen Rückenschmerzes. *Deutsche Zeitschrift für
Sportmedizin, 62(03)*, S. 69-74.

Weineck, J. (2010). *Optimales Training. Leistungsphysiologische Trainingslehre unter
besonderer Berücksichtigung des Kinder- und Jugentrainings.* (16. durchgesehene
Ausg.). Balingen: Spitta Verlag GmbH & Co. KG.

Weishaupt, P; Hofmann, A. (1999). Krafttraining als Behandlungsmaßnahme bei Patien-
ten mit chronischen Rückenschmerzen. *Manuelle Therapie 3.* S. 60-65.

7   Tabellenverzeichnis